[エイ（えい）]
A

[ビー（び～]
B

C

[ディー（でぃー）]
D

[イー（いー）]
E

[エフ（えふ）]
F

[ジー（じー）]
G

[エイチ（えいち）]
H

[アイ（あい）]
I

[ジェイ（じぇい）]
J

[ケイ（けい）]
K

[エル（える）]
L

[エム（えむ）]
M

[エヌ（えぬ）]
N

[オウ（おう）]
O

[ピー（ぴー）]
P

[キュー（きゅー）]
Q

[アー（あー）]
R

[エス（えす）]
S

[ティー（てぃー）]
T

[ユー（ゆー）]
U

[ヴィー（ゔぃー）]
V

[ダブリュー（だぶりゅー）]
W

[エックス（えっくす）]
X

[ワイ（わい）]
Y

[ズィー（ずぃー）]
Z

おおもじの
れんしゅうは、
3ページからだよ。

アルファベットひょう こもじ

[エイ（えい）]	[ビー（びー）]	[スィー（すぃー）]	[ディー（でぃー）]	[イー（いー）]
a	b	c	d	e

[エフ（えふ）]	[ジー（じー）]	[エイチ（えいち）]	[アイ（あい）]	[ジェイ（じぇい）]
f	g	h	i	j

[ケイ（けい）]	[エル（える）]	[エム（えむ）]	[エヌ（えぬ）]	[オウ（おう）]
k	l	m	n	o

[ピー（ぴー）]	[キュー（きゅー）]	[アー（あー）]	[エス（えす）]	[ティー（てぃー）]
p	q	r	s	t

[ユー（ゆー）]	[ヴィー（づぃー）]	[ダブリュー（だぶりゅー）]	[エックス（えっくす）]	[ワイ（わい）]
u	v	w	x	y

[ズィー（ずぃー）]
z

こもじの
れんしゅうは、
15ページからだよ。

2

おおもじ A から E の れんしゅう

せんを なぞり、アルファベットを
かきましょう。

てきたよ！シールを
はってね。

できた

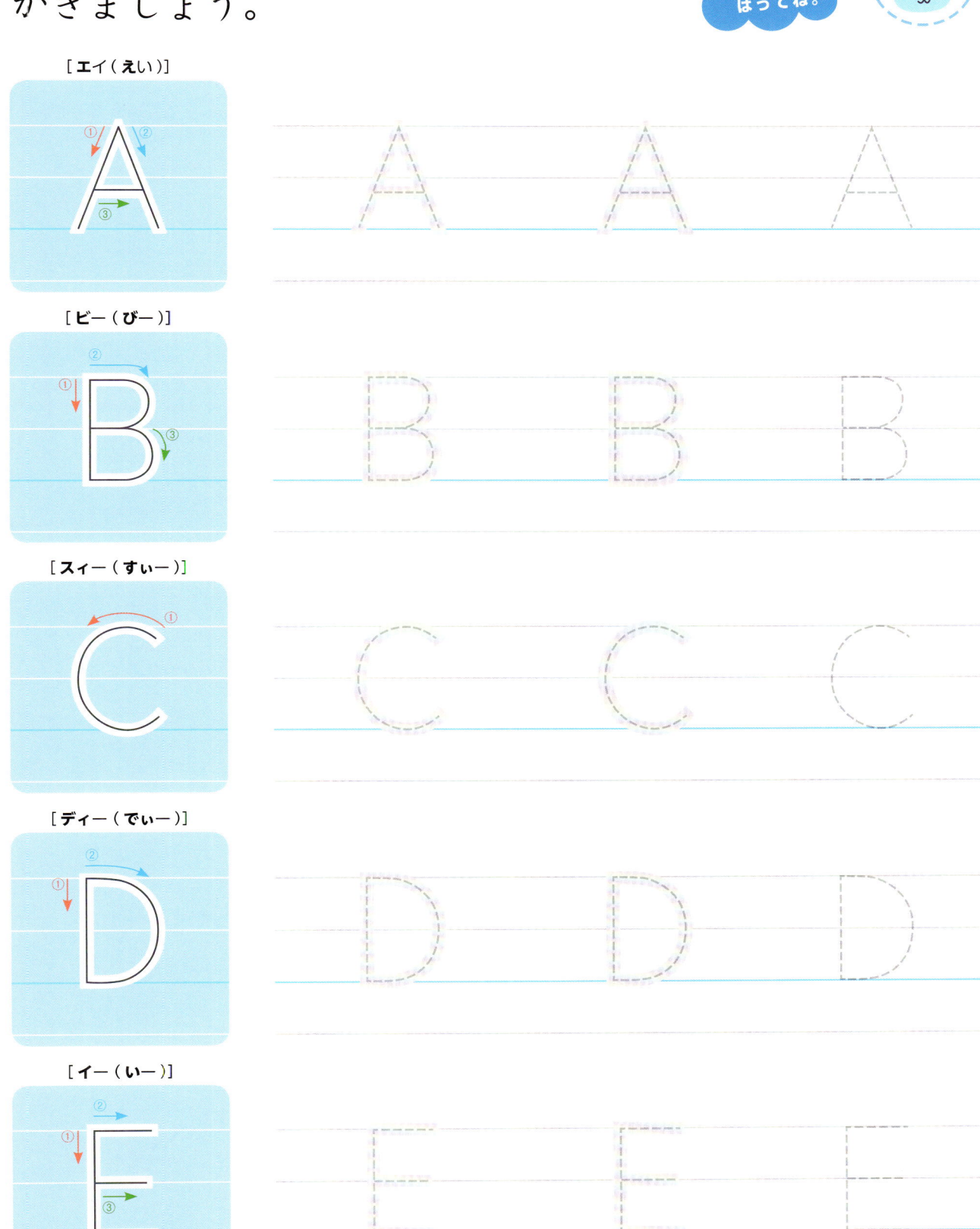

[エイ（えい）]

[ビー（びー）]

[スィー（すぃー）]

[ディー（でぃー）]

[イー（いー）]

3

てきたよ！
シールを
はってね。

A と、B と、C と、D と、E を
すきな いろで ぬりましょう。

おおもじ F から J の れんしゅう

せんを　なぞり、アルファベットを
かきましょう。

てきたよ！
シールを
はってね。

[エフ（えふ）]

[ジー（じー）]

[エイチ（えいち）]

[アイ（あい）]

[ジェイ（じぇい）]

F〜J　えらんで　すすもう

Fと、Gと、Hと、Iと、Jを
とおって　●から　★まで　すすみましょう。

おおもじ K から O の れんしゅう

せんを なぞり、アルファベットを かきましょう。

[**ケイ**（ **けい** ）]

K

[**エル**（ **える** ）]

L

[**エム**（ **えむ** ）]

M

[**エヌ**（ **えぬ** ）]

N

[**オウ**（ **おう** ）]

O

ぬって みよう

てきたよ！
シールを
はってね。

Kと、Lと、Mと、Nと、Oを
すきな いろで ぬりましょう。

おおもじ P から T の れんしゅう

せんを なぞり、アルファベットを
かきましょう。

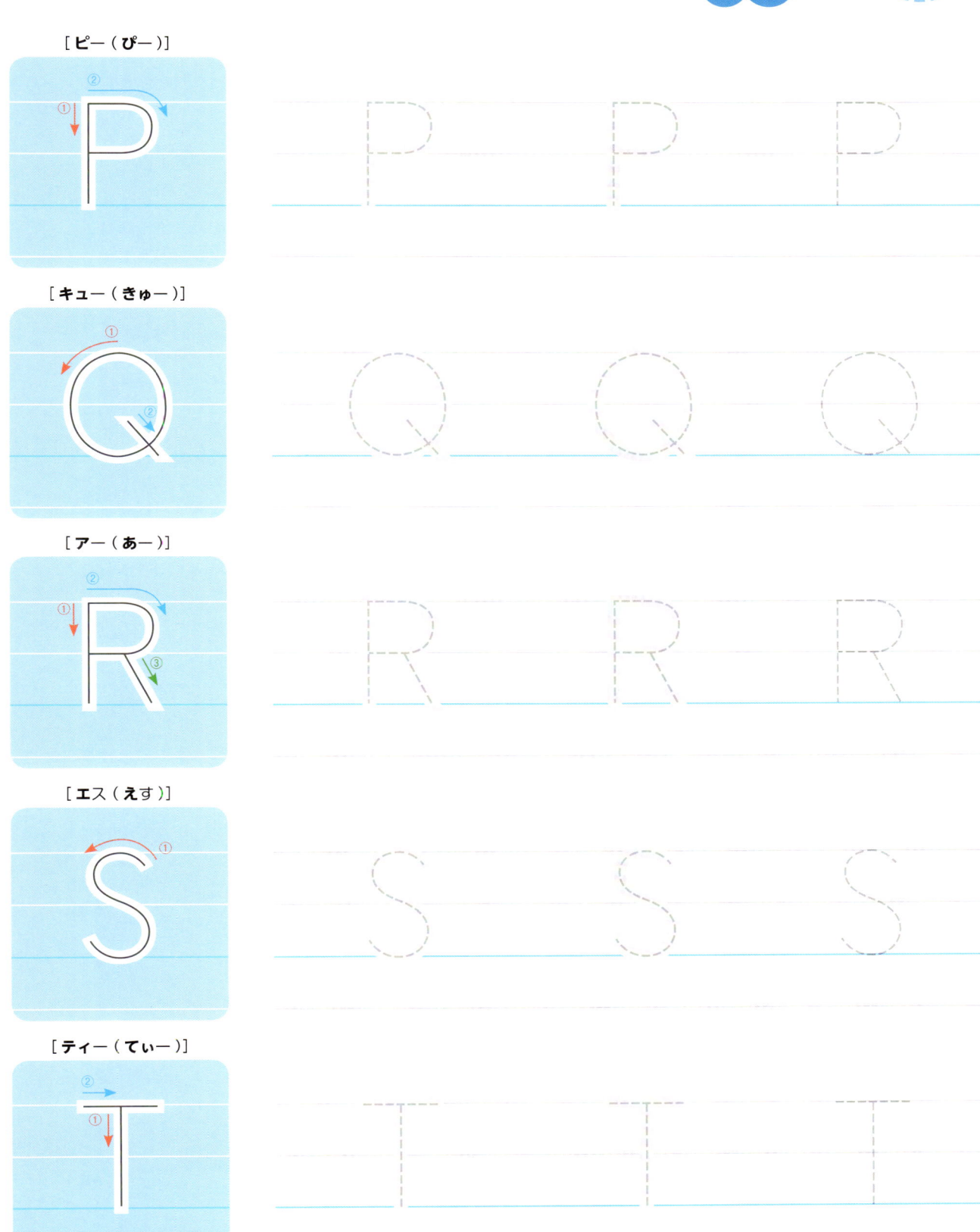

[ピー（ぴー）]

P

[キュー（きゅー）]

Q

[アール（あー）]

R

[エス（えす）]

S

[ティー（てぃー）]

T

P～T えらんで すすもう

P と、Q と、R と、S と、T を
とおって ●から ★まで すすみましょう。

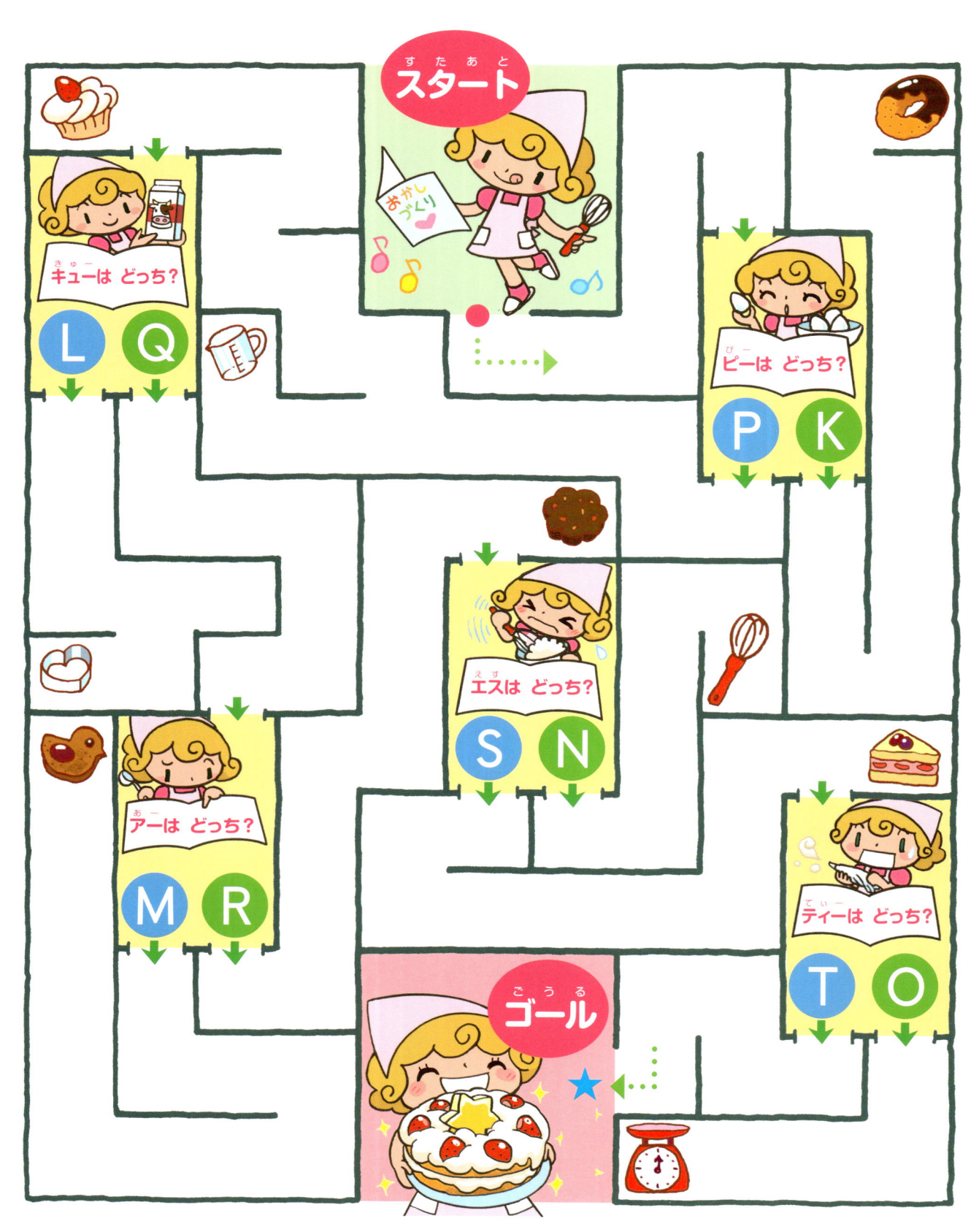

おおもじ U から W の れんしゅう

せんを なぞり、アルファベットを
かきましょう。

[ユー（ゆー）]

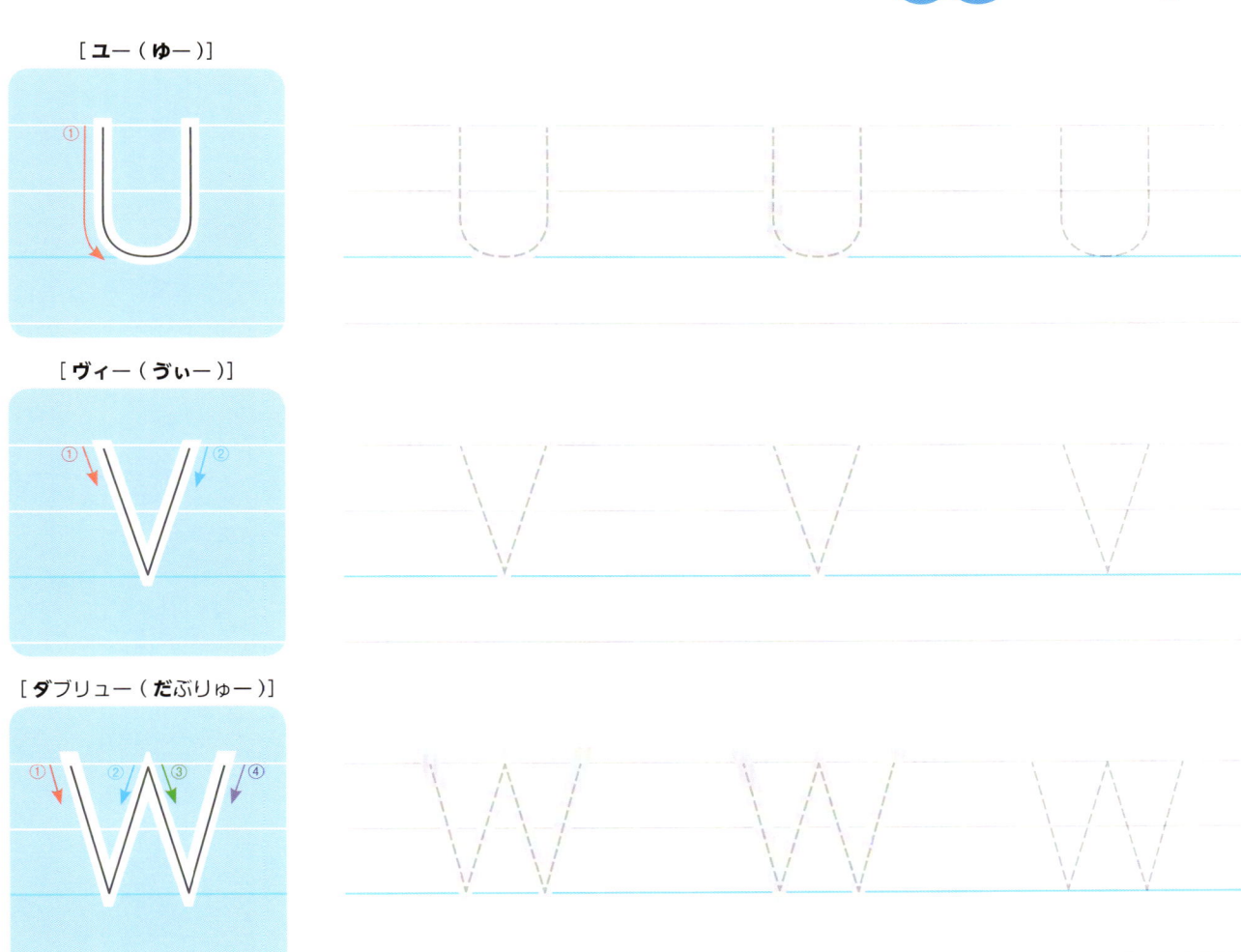

[ヴィー（ゔぃー）]

[ダブリュー（だぶりゅー）]

せんを なぞり、アルファベットを
かきましょう。

てきたよ！
シールを
はってね。

で きた？

[**エックス** (**えっくす**)]

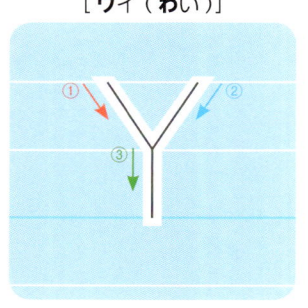

[**ワイ** (**わい**)]

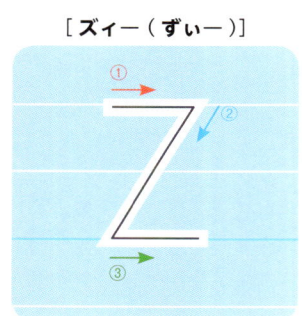

[**ズィー** (**ずぃー**)]

U〜Z　ぬって みよう

Uと、Vと、Wと、Xと、Yと、Zを
すきな いろで ぬりましょう。

てきたよ！
シールを
はってね。

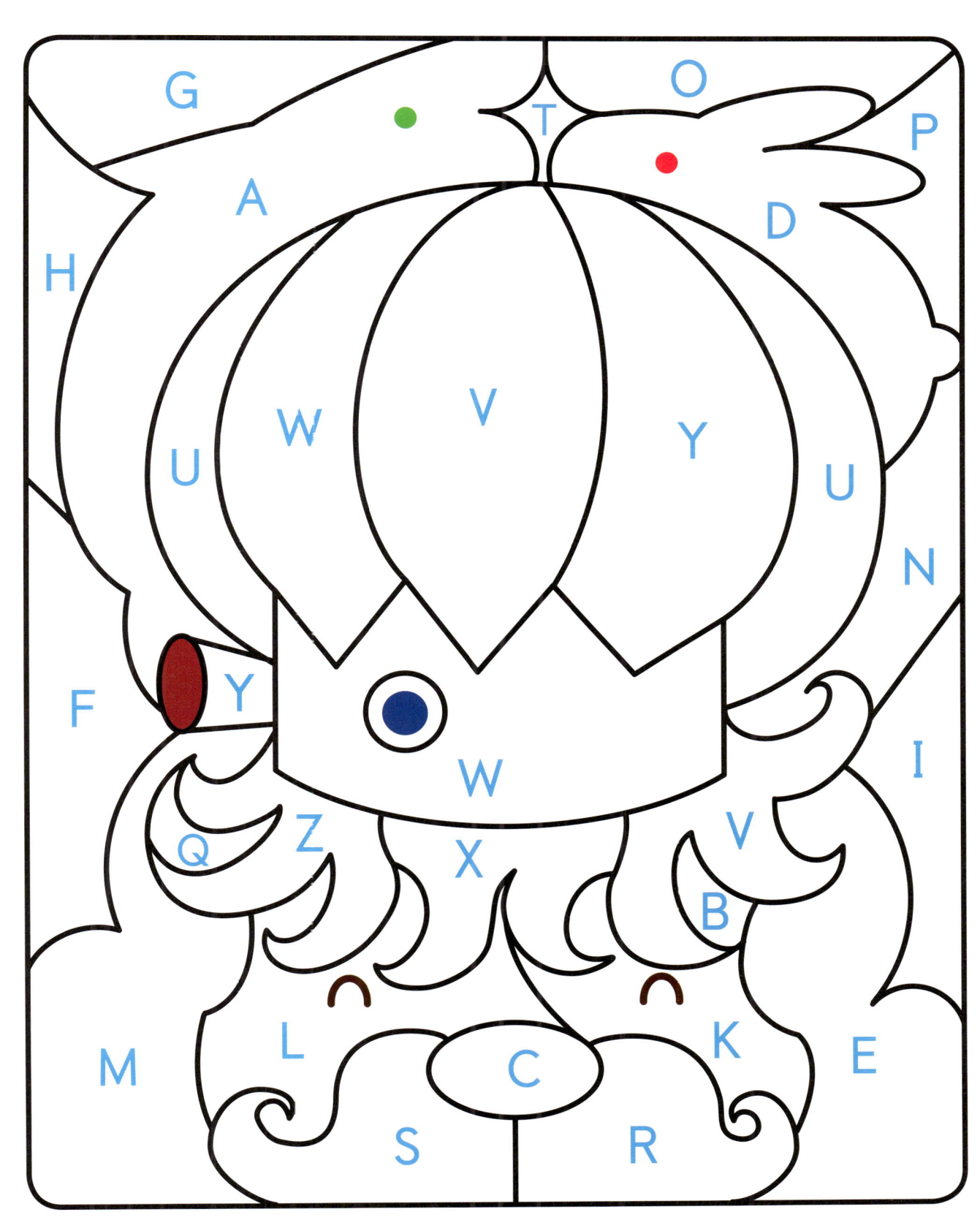

<ruby>A<rt>エイ</rt></ruby> から <ruby>Z<rt>ズィー</rt></ruby> まで すすんで みよう

<ruby>A<rt>エイ</rt></ruby> から <ruby>Z<rt>ズィー</rt></ruby> まで、せんを ひきながら すすみましょう。

こもじ a の れんしゅう

せんを なぞって アルファベットを かき、
したの ことばも かんせいさせましょう。

[エイ（えい）]

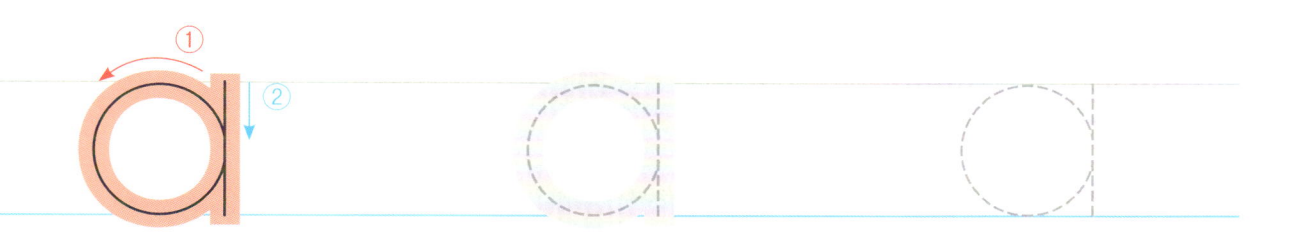

[アプル（あぷる）]

apple

りんご

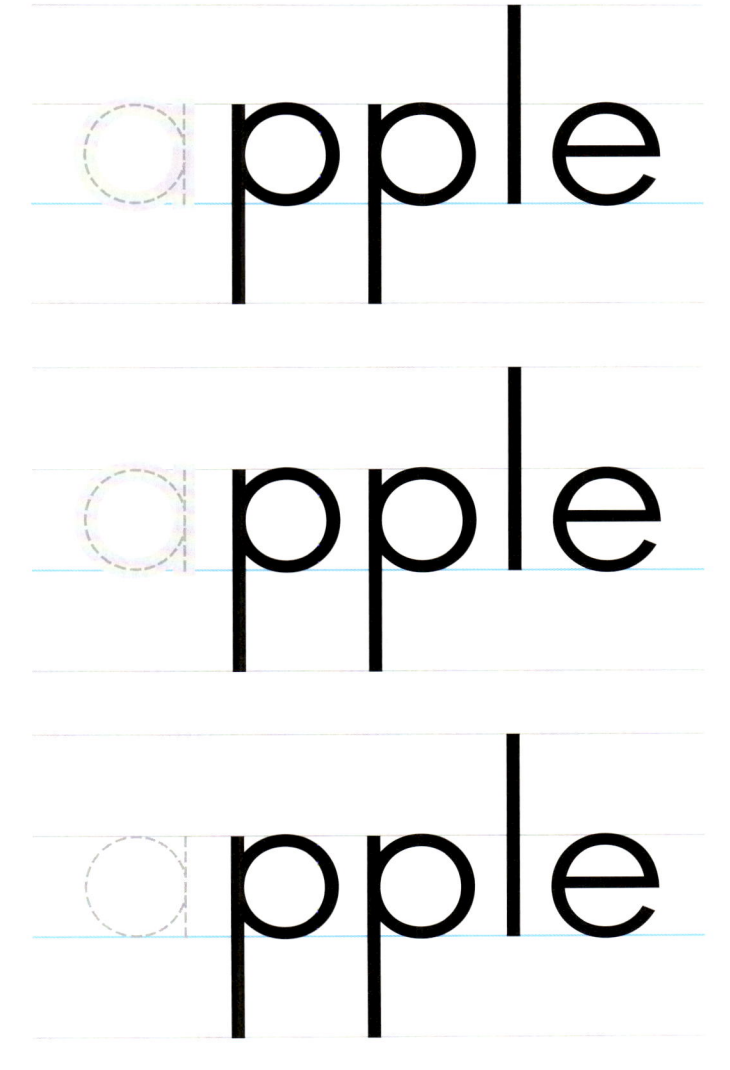

こもじ b の れんしゅう

できたよ！
シールを
はってね。

できた？

せんを なぞって アルファベットを かき、
したの ことばも かんせいさせましょう。

[ビー（びー）]

① ↓
②

b   b   b

[**バッグ（ばっぐ）**]

bag

かばん

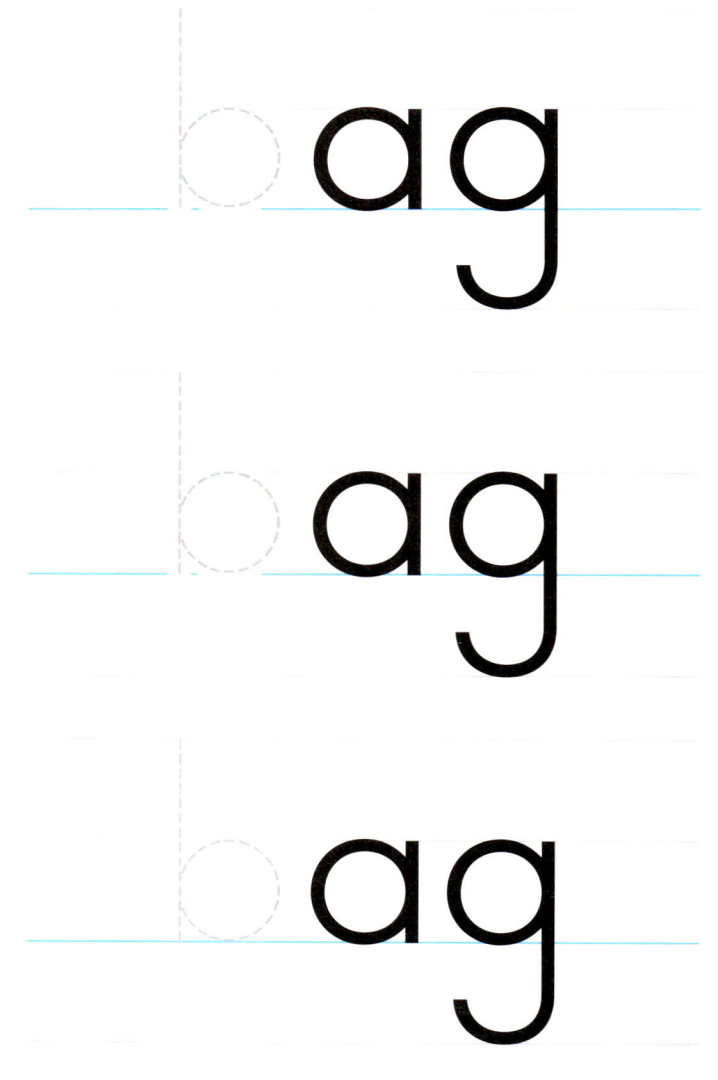

ag

ag

ag

16

こもじ C の れんしゅう

できたよ！
シールを
はってね。

できた？

せんを なぞって アルファベットを かき、
したの ことばも かんせいさせましょう。

[スィー（すぃー）]

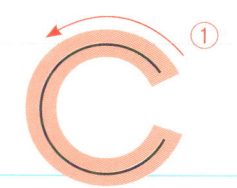
C   C   C

[キャット（きゃっと）]

cat

ねこ

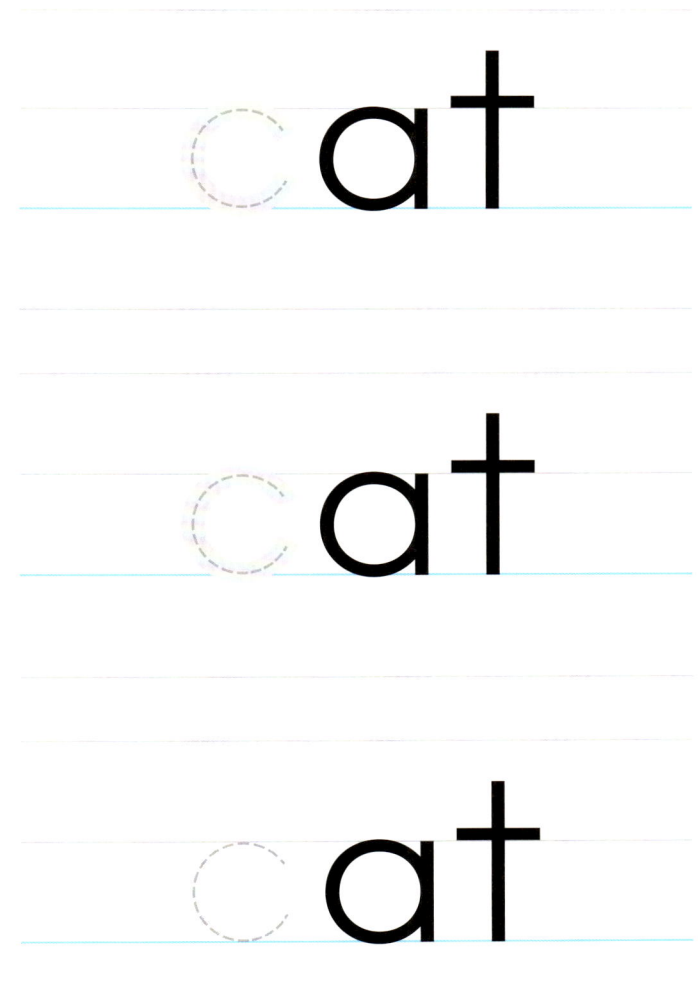
cat

cat

cat

17

こもじ d の れんしゅう

できたよ！シールをはってね。

せんを　なぞって　アルファベットを　かき、
したの　ことばも　かんせいさせましょう。

[ディー（でぃー）]

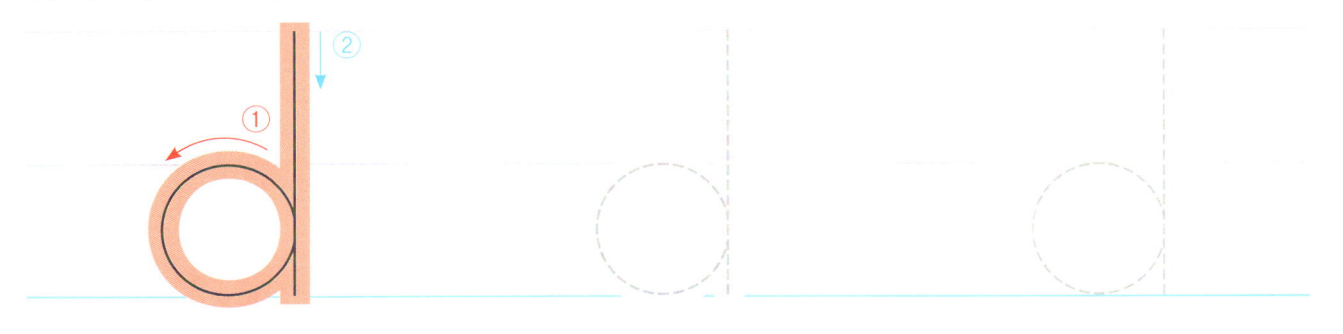

[ドーグ（どーぐ）]

dog

いぬ

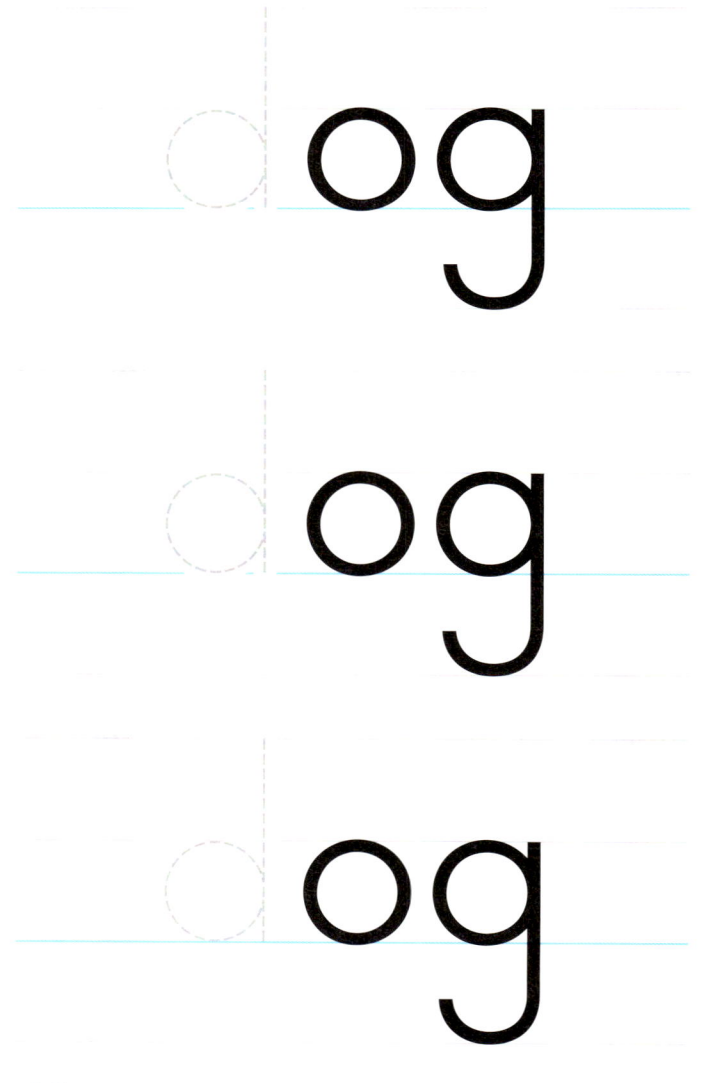

og

og

og

18

こもじ e の れんしゅう

てきたよ！
シールを
はってね。

できた？

せんを なぞって アルファベットを かき、
したの ことばも かんせいさせましょう。

[イー（いー）]

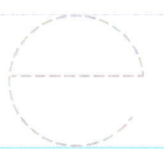

[エッグ（えっぐ）]

egg

たまご

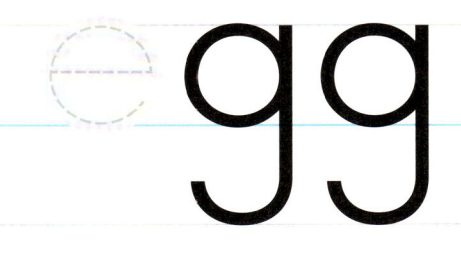

a〜e エ〜イー えを みて かこう

せんを　なぞり、えの　なかの
ことばを　かんせいさせましょう。

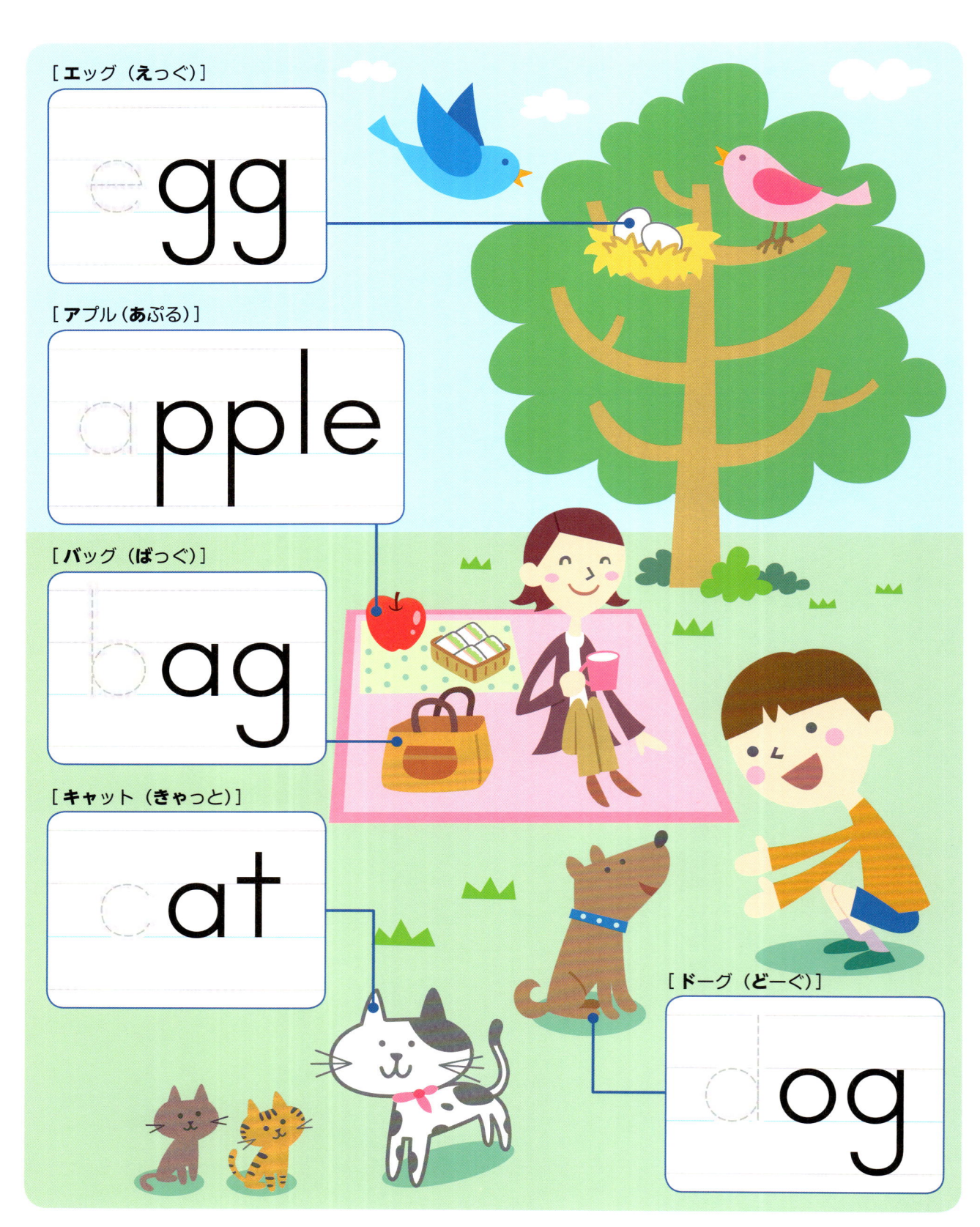

[エッグ（えっぐ）]

egg

[アプル（あぷる）]

apple

[バッグ（ばっぐ）]

bag

[キャット（きゃっと）]

cat

[ドーグ（どーぐ）]

dog

20

こもじ f の れんしゅう

せんを　なぞって　アルファベットを　かき、
したの　ことばも　かんせいさせましょう。

[エフ（えふ）]

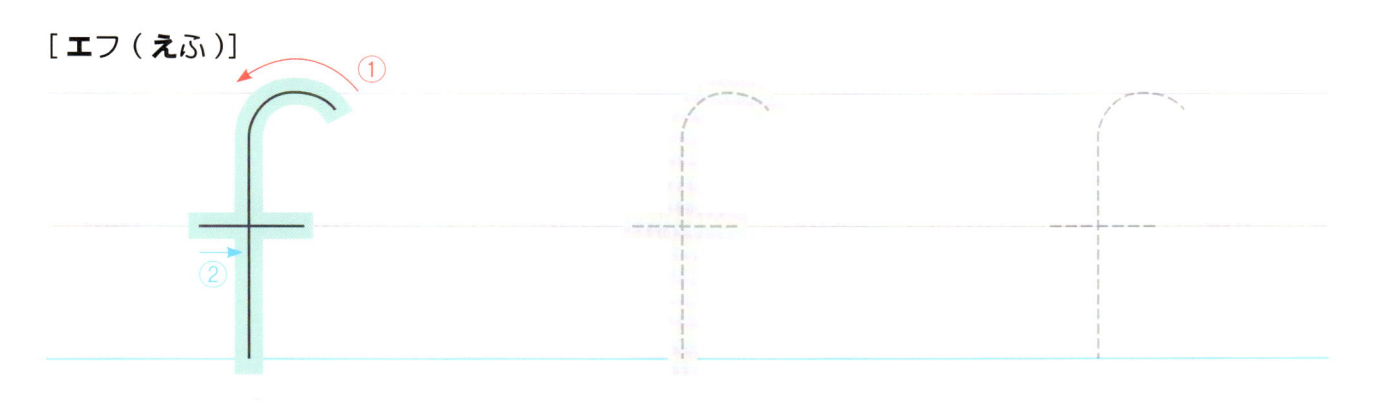

[フィッシ（ふぃっし）]

fish

さかな

21

こもじ g の れんしゅう

せんを なぞって アルファベットを かき、
したの ことばも かんせいさせましょう。

[**ジー（じー）**]

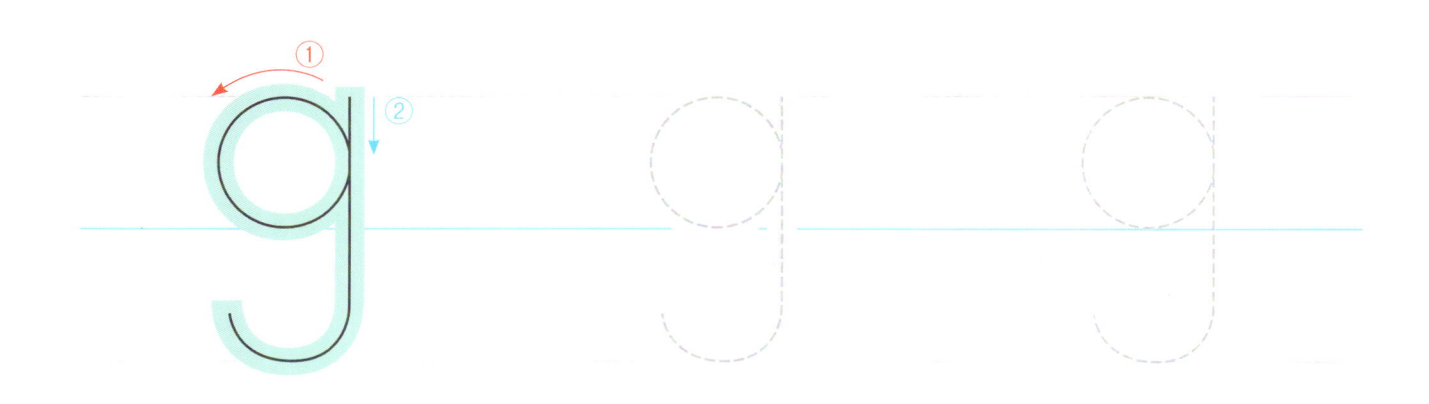

[**ギフト（ぎふと）**]

gift

おくりもの

22

こもじ h の れんしゅう

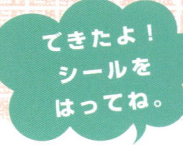

せんを なぞって アルファベットを かき、
したの ことばも かんせいさせましょう。

[**エイチ**（えいち）]

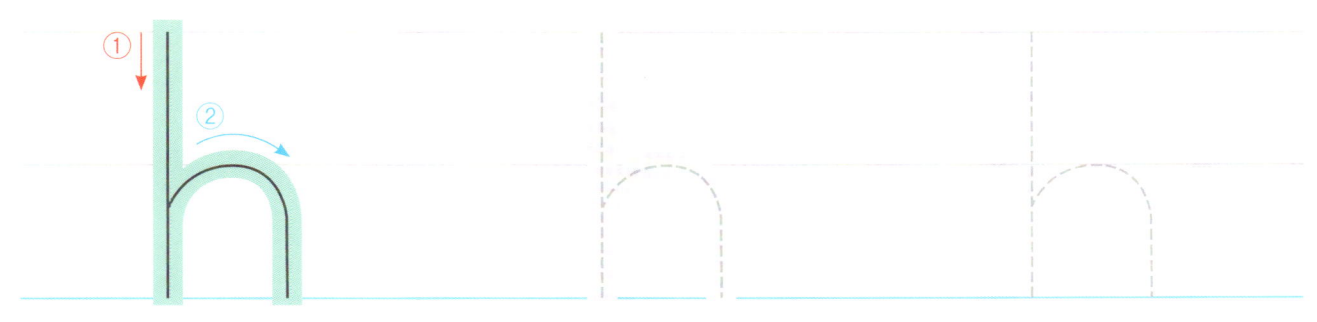

[**ハット**（はっと）]

hat

（ふちの ある）ぼうし

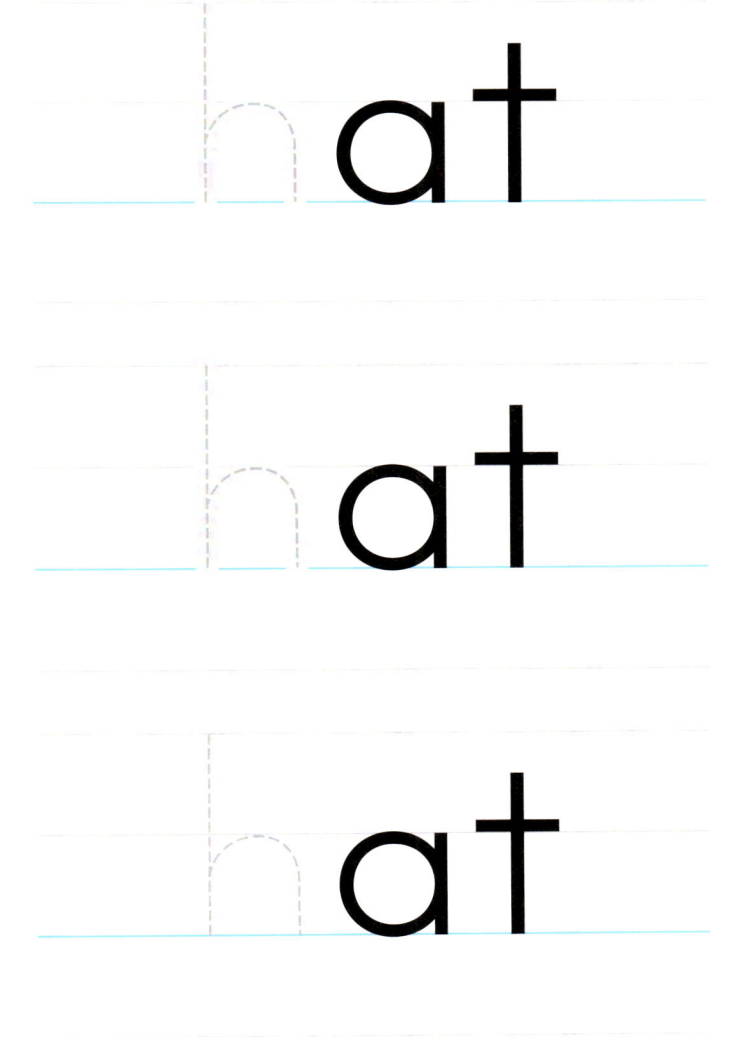

at

at

at

23

こもじ **i** の れんしゅう

できたよ！シールを はってね。

せんを　なぞって　アルファベットを　かき、したの　ことばも　かんせいさせましょう。

[**アイ（あい）**]

② •

① ↓ i

[**アイアン（あいあん）**]

iron

アイロン

ron

ron

ron

こもじ j の れんしゅう

ジェイ

せんを なぞって アルファベットを かき、
したの ことばも かんせいさせましょう。

[ジェイ（じぇい）]

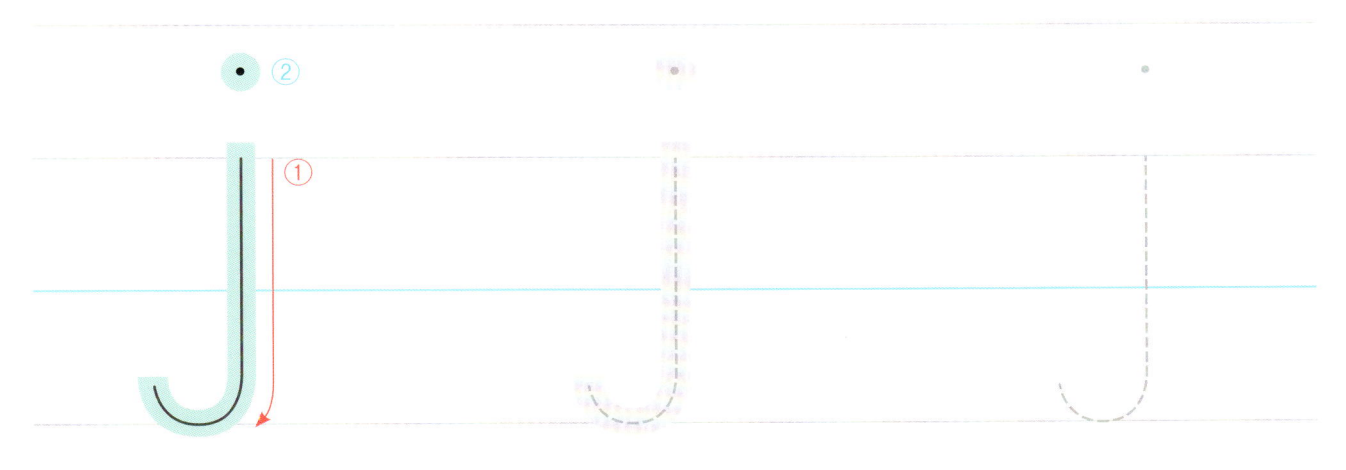

[ジュース（じゅーす）]

juice

じゅうす
ジュース

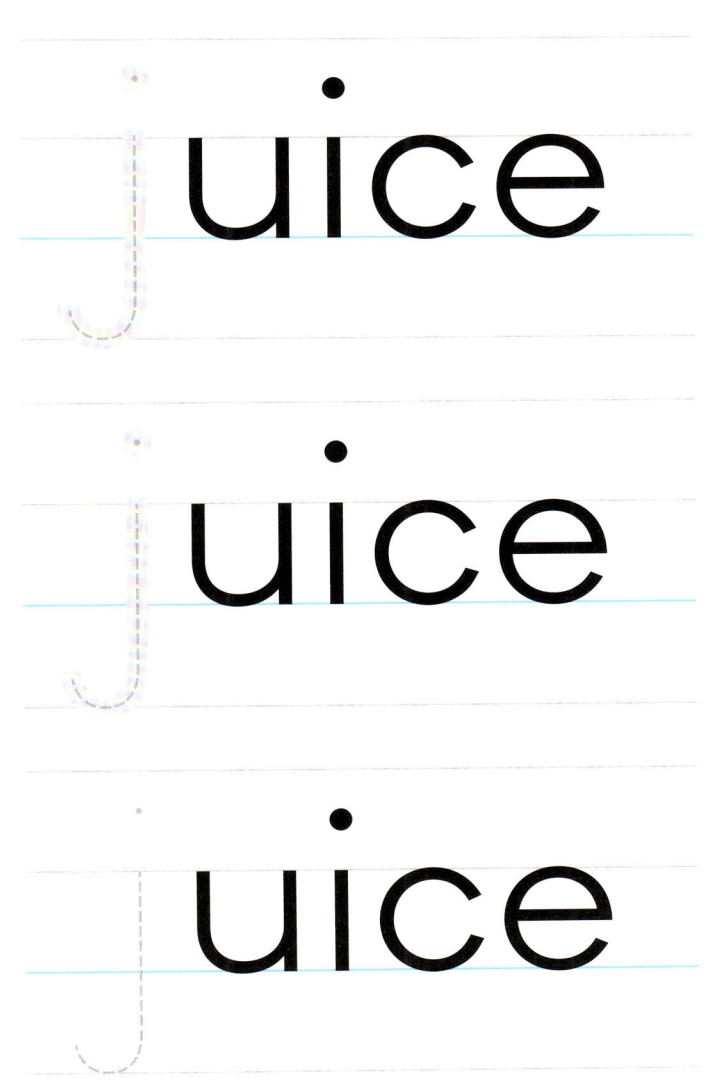

f～j　ぬって　みよう

f と、g と、h と、i と、j を
すきな　いろで　ぬりましょう。

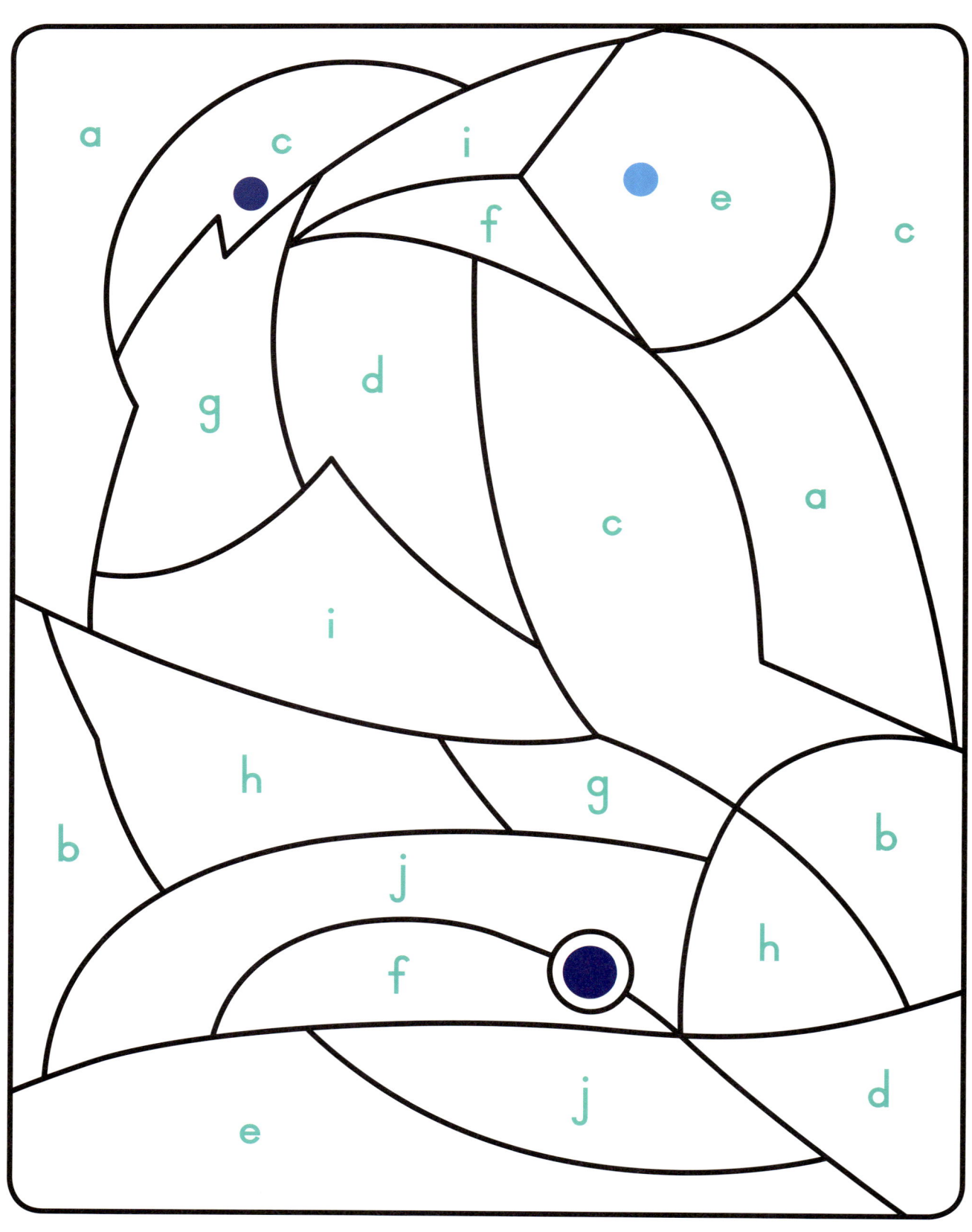

こもじ k の れんしゅう

せんを なぞって アルファベットを かき、したの ことばも かんせいさせましょう。

[ケイ（けい）]

k

[キー（きー）]

key

かぎ

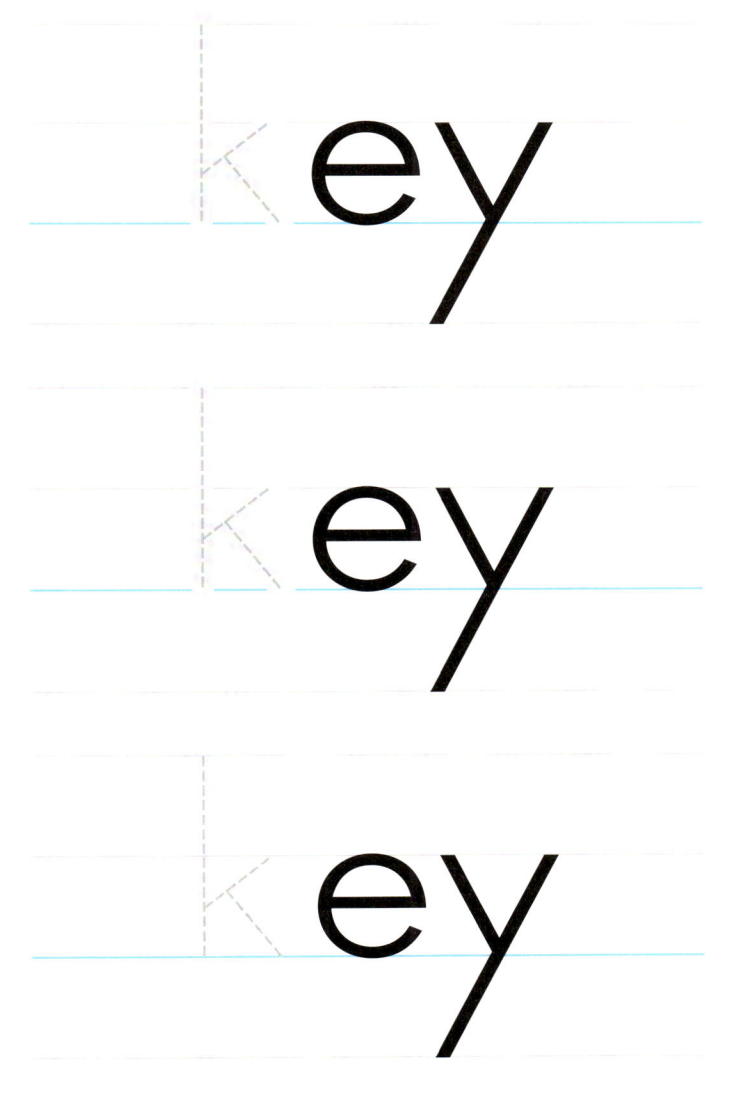

key
key
ey

こもじ **l**（エル）の れんしゅう

せんを なぞって アルファベットを かき、
したの ことばも かんせいさせましょう。

[**エル**（ える ）]

① ↓

[**ライオン**（ らいおん ）]

l ion

らいおん
ライオン

ion

ion

ion

28

こもじ **m** の れんしゅう

せんを なぞって アルファベットを かき、
したの ことばも かんせいさせましょう。

[**エム** (えむ)]

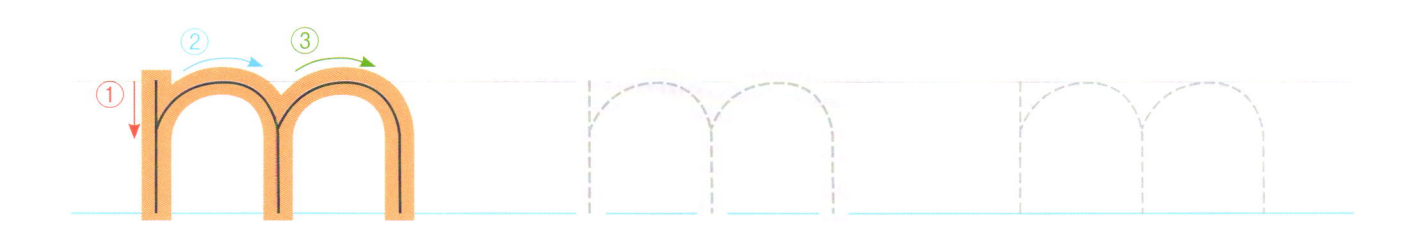

[**ミルク** (みるく)]

milk

ぎゅうにゅう

milk

milk

milk

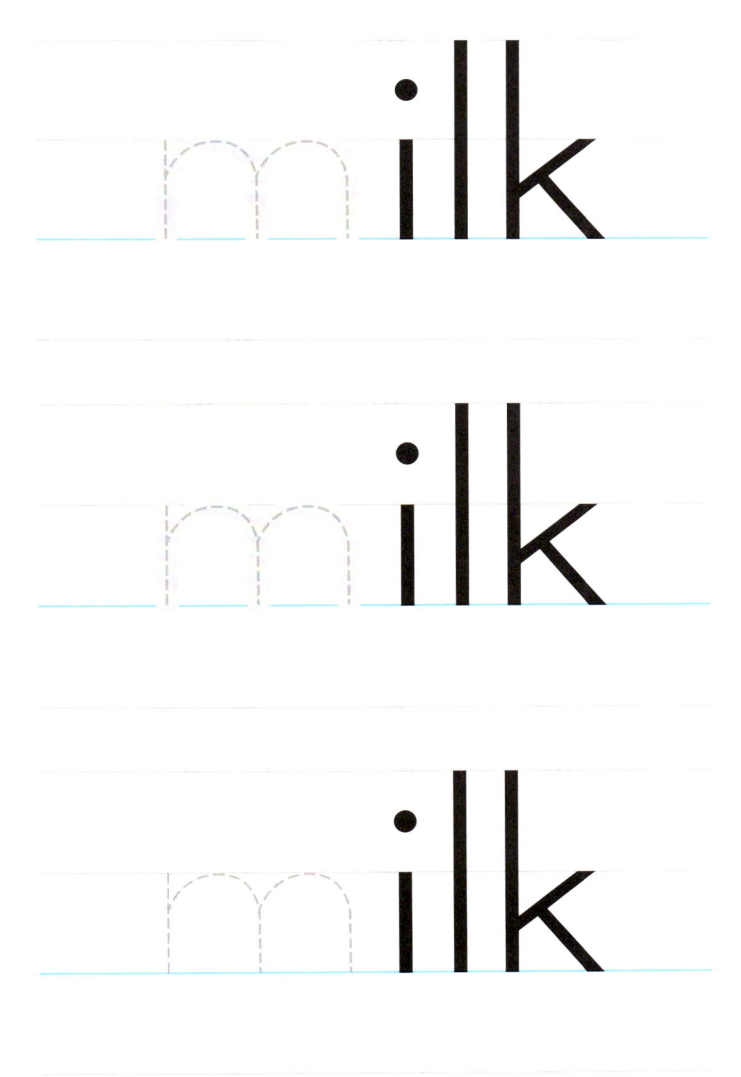

29

こもじ n の れんしゅう

せんを なぞって アルファベットを かき、
したの ことばも かんせいさせましょう。

[エヌ（えぬ）]

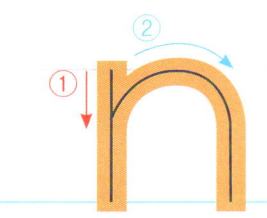

[ノウズ（のうず）]

nose

はな

nose

nose

ose

こもじ 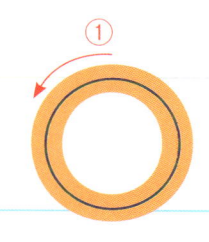 の れんしゅう

せんを なぞって アルファベットを かき、
したの ことばも かんせいさせましょう。

[**オウ（おう）**]

①

[**オーレンジ（おーれんじ）**]

orange

オレンジ

orange

orange

orange

31

えらんで すすもう

えに あう ことばを えらんで、
●から ★まで すすみましょう。

こもじ p の れんしゅう

せんを　なぞって　アルファベットを　かき、
したの　ことばも　かんせいさせましょう。

[ピー（ぴー）]

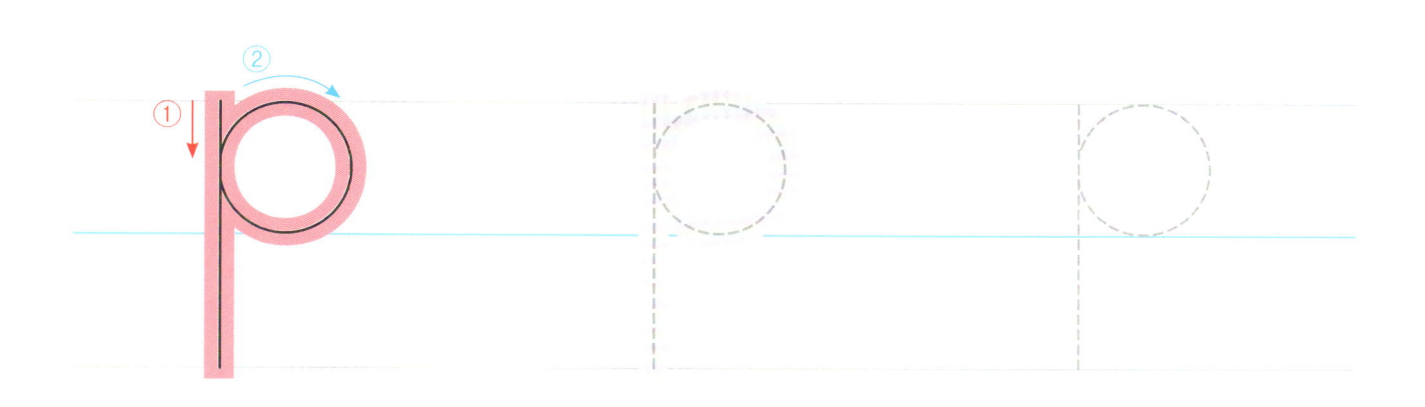

[ピッグ（ぴっぐ）]

pig

ぶた

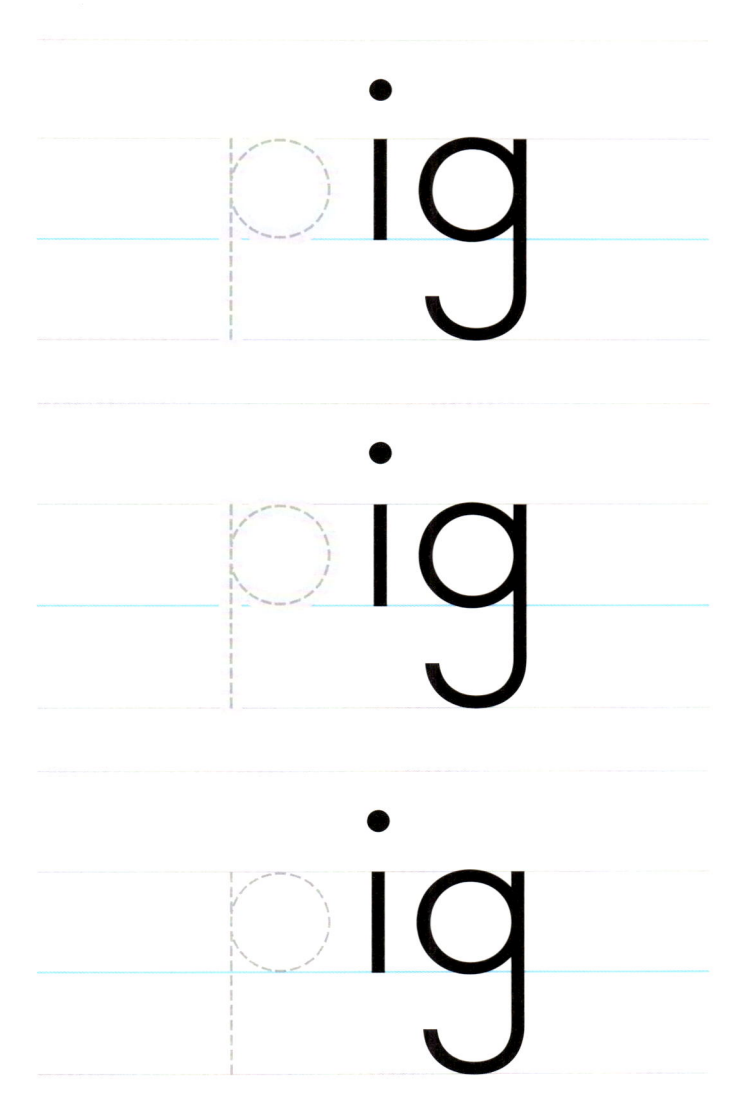

ig

ig

ig

33

こもじ q の れんしゅう

せんを　なぞって　アルファベットを　かき、
したの　ことばも　かんせいさせましょう。

[**キュー（きゅー）**]

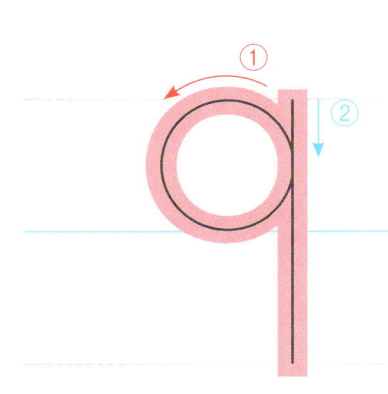

[**クウィーン（くうぃーん）**]

queen

じょおうさま

queen

queen

queen

こもじ r の れんしゅう

せんを なぞって アルファベットを かき、
したの ことばも かんせいさせましょう。

[アー（あー）]

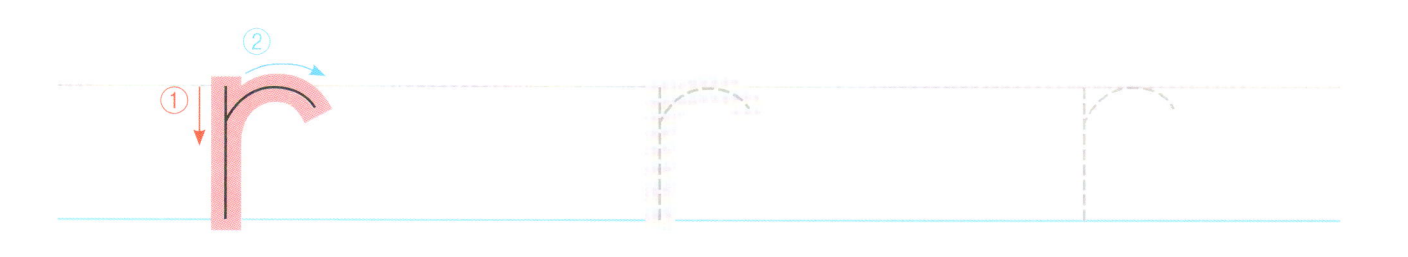

[リング（りんぐ）]

ring

ゆびわ

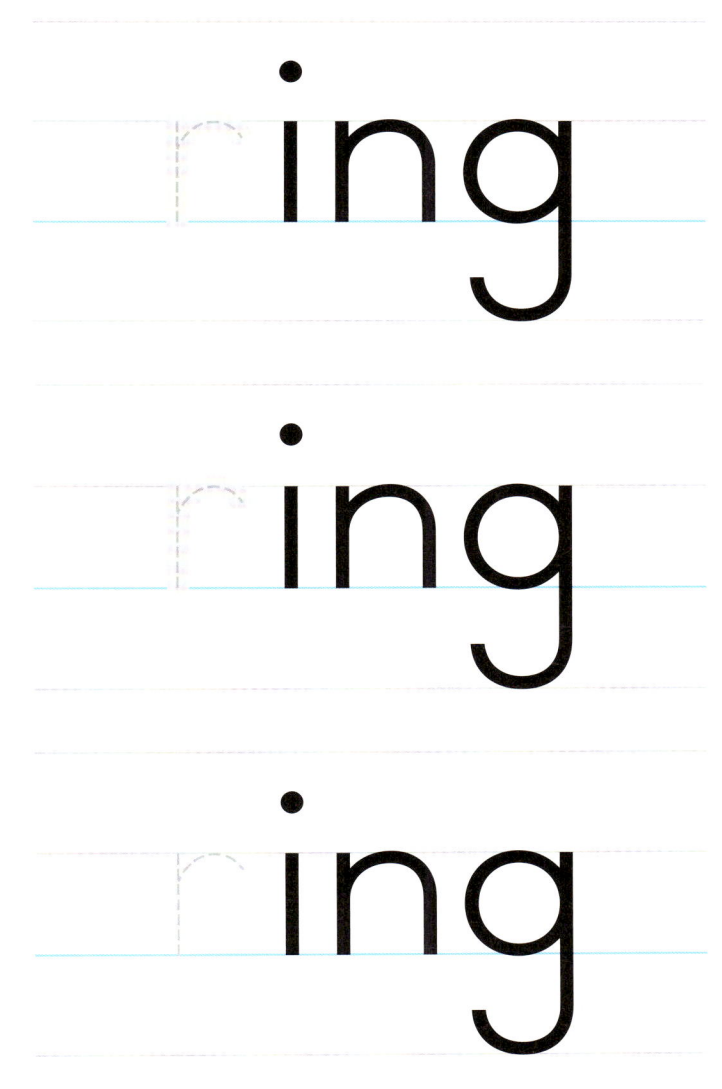

35

こもじ s の れんしゅう

せんを なぞって アルファベットを かき、したの ことばも かんせいさせましょう。

[エス（えす）]

   s   s

[サン（さん）]

sun

たいよう

sun

sun

こもじ t の れんしゅう

せんを なぞって アルファベットを かき、したの ことばも かんせいさせましょう。

[ティー（てぃー）]

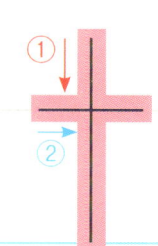

[トメイトウ（とめいとう）]

tomato

トマト

tomato

tomato

tomato

p～t　せんで　むすぼう

えに　あう　ことばを　せんで
むずびましょう。

　　　　・　　　　　・　queen

　　　　・　　　　　・　pig

　　　　・　　　　　・　sun

　　　　・　　　　　・　tomato

　　　　・　　　　　・　ring

38

こもじ u の れんしゅう

せんを　なぞって　アルファベットを　かき、
したの　ことばも　かんせいさせましょう。

[ユー（ゆー）]

[ブラシ（ぶらし）]

brush

ブラシ

brush

brush

brush

39

こもじ V の れんしゅう

せんを なぞって アルファベットを かき、
したの ことばも かんせいさせましょう。

[ヴィー（ゔぃー）]

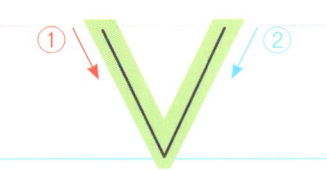

[ヴェイス（ゔぇいす）]

vase

かびん

vase

vase

vase

こもじ W の れんしゅう

せんを なぞって アルファベットを かき、
したの ことばも かんせいさせましょう。

[**ダ**ブリュー（**だ**ぶりゅー）]

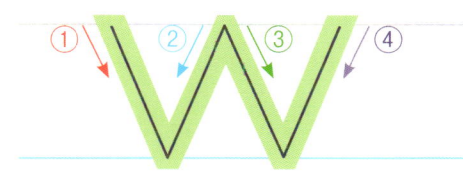

[**ウォ**ータァ（**うぉ**ーたぁ）]

water

みず

water

ater

ater

ater

こもじ X の れんしゅう

せんを なぞって アルファベットを かき、
したの ことばも かんせいさせましょう。

[**エ**ックス（**え**っくす）]

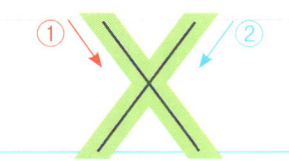

[**バ**ックス（**ば**っくす）]

box

はこ

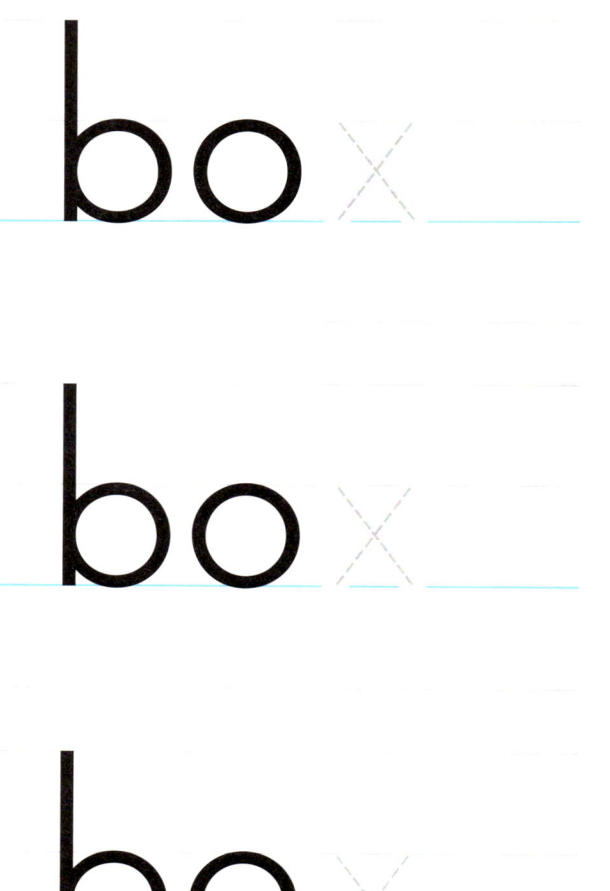

bo
bo
bo

42

こもじ y の れんしゅう

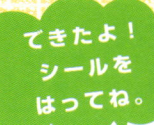
てきたよ！
シールを
はってね。

できた？

せんを　なぞって　アルファベットを　かき、
したの　ことばも　かんせいさせましょう。

[**ワイ** （ **わい** ）]

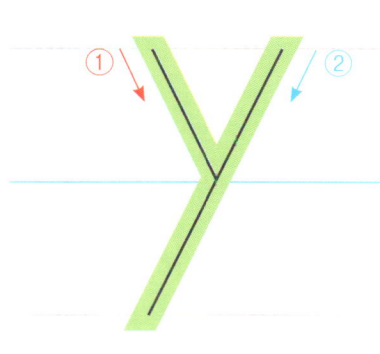

[**ヤット** （ **やっと** ）]

yacht

よっと
ヨット

yacht

yacht

yacht

43

こもじ z の れんしゅう

せんを なぞって アルファベットを かき、
したの ことばも かんせいさせましょう。

[ズィー（ずぃー）]

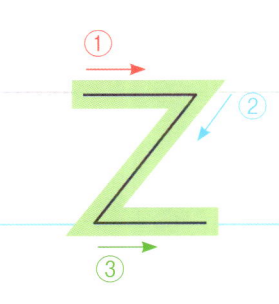

[ズィーブラ（ずぃーぶら）]

zebra

じまうま

zebra

zebra

zebra

44

えらんで すすもう

てきたよ！
シールを
はってね。

できた？

えに あう ことばを えらんで、
●から ★まで すすみましょう。

スタート

ブラシは どっち？
ブラシ	クウィーン
brush	queen

かびんは どっち？
ノウズ	ヴェイス
nose	vase

みずは どっち？
ウォータァ	ミルク
water	milk

はこは どっち？
ピッグ	box
pig	バックス

ヨットは どっち？
yacht	fish
ヤット	フィッシ

しまうまは どっち？
lion	zebra
ライオン	ズィーブラ

ゴール

a から z まで つないで みよう

エイ ビー スィー エイ ズィー
a → b → c …の じゅんに、a から z まで ● を せんで つなぎましょう。

A、a と B、b の れんしゅう

できたよ！
シールを
はってね。

アルファベットの A、a を かきましょう。

[エイ（ えい ）]

[アプル（あぷる）]

apple

りんご

アルファベットの B、b を かきましょう。

[ビー（ びー ）]

[バッグ（ばっぐ）]

bag

かばん

C、cと D、dの れんしゅう

できたよ！シールを はってね。

アルファベットの C、c を かきましょう。

[スィー（すぃー）]

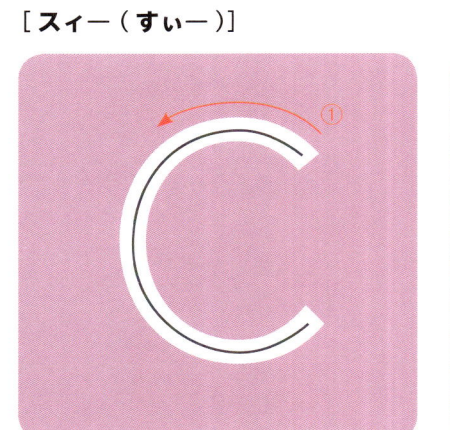

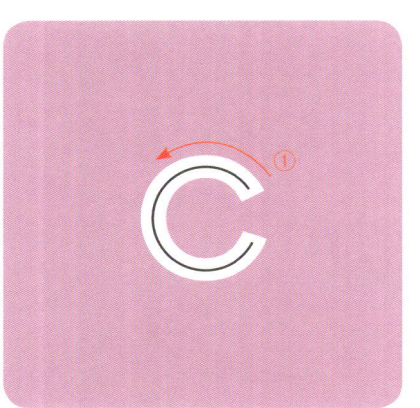

[キャット（きゃっと）]

cat

ねこ

Cc Cc Cc Cc

アルファベットの D、d を かきましょう。

[ディー（でぃー）]

[ドーグ（どーぐ）]

dog

いぬ

Dd Dd Dd Dd

E、e と F、f の れんしゅう

できたよ！シールをはってね。

アルファベットの E、e を かきましょう。

[イー（いー）]

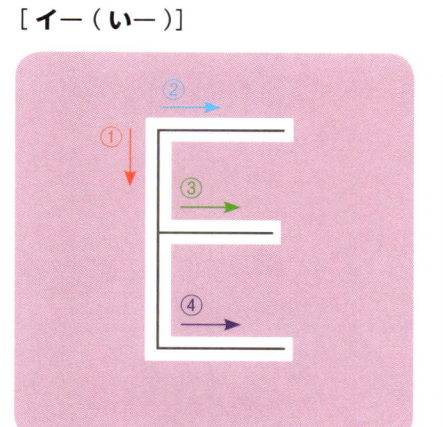

[エッグ（えっぐ）]

egg

たまご

アルファベットの F、f を かきましょう。

[エフ（えふ）]

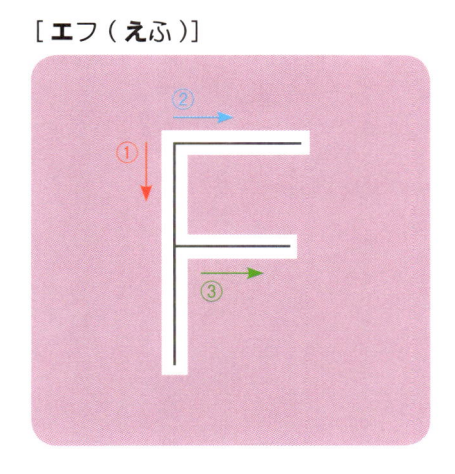

[フィッシ（ふぃっし）]

fish

さかな

G、g と H、h の れんしゅう

アルファベットの　G、g を　かきましょう。

[ジー（じー）]

[ギフト（ぎふと）]

gift

おくりもの

Gg　Gg　Gg

アルファベットの　H、h を　かきましょう。

[エイチ（えいち）]

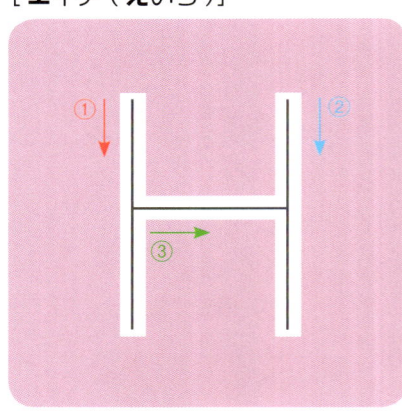

[ハット（はっと）]

hat

（ふちの　ある）ぼうし

Hh　Hh　Hh

50

I、i と J、j の れんしゅう

アルファベットの I、i を かきましょう。

[**アイ（あい）**]

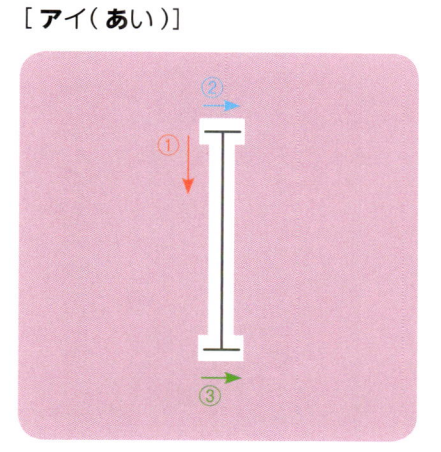

iron

アイロン

アルファベットの J、j を かきましょう。

[**ジェイ（じぇい）**]

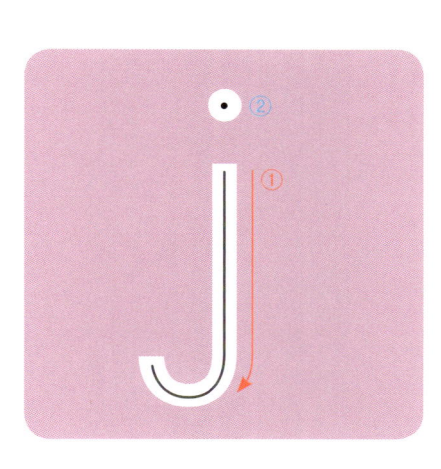

[**ジュース（じゅーす）**]

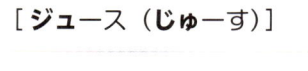
juice

ジュース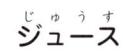

51

K、k と L、l の れんしゅう

アルファベットの K、k を かきましょう。

[**ケイ**（けい）]

[**キー**（きー）]

key

かぎ

アルファベットの L、l を かきましょう。

[**エル**（える）]

[**ライオン**（らいおん）]

lion

ライオン

M、m と N、n の れんしゅう

てきたよ！
シールを
はってね。

できた？

アルファベットの M、m を かきましょう。

［エム（えむ）］

［ミルク（みるく）］

milk

ぎゅうにゅう

アルファベットの N、n を かきましょう。

［エヌ（えぬ）］

［ノウズ（のうず）］

nose

はな

53

O、o と P、p の れんしゅう

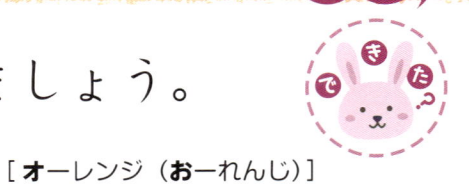
できたよ！
シールを
はってね。

アルファベットの O、o を かきましょう。

[**オウ（おう）**]

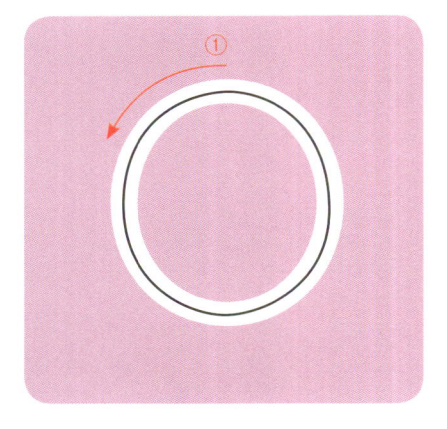 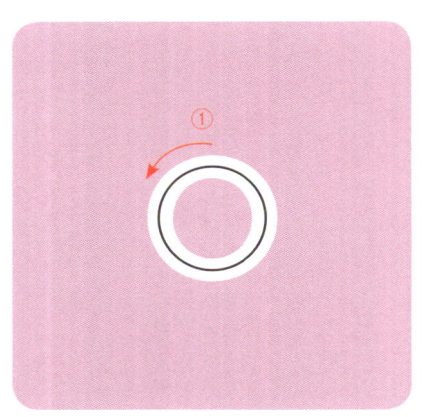

[**オーレンジ（おーれんじ）**]

orange

オレンジ

アルファベットの P、p を かきましょう。

[**ピー（ぴー）**]

[**ピッグ（ぴっぐ）**]

pig

ぶた

Q、q と R、r の れんしゅう

てきたよ！シールをはってね。

アルファベットの Q、q を かきましょう。

[**キュー（きゅー）**]

[**クウィーン（くうぃーん）**]

queen

じょおうさま

アルファベットの R、r を かきましょう。

[**アー（あー）**]

[**リング（りんぐ）**]

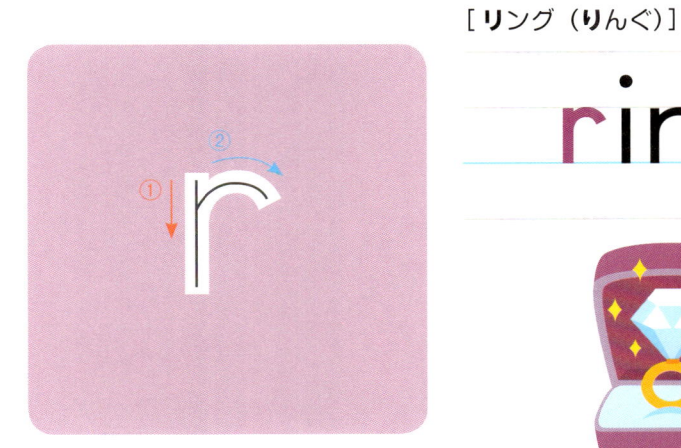
ring

ゆびわ

S、s と T、t の れんしゅう

できたよ！シールを はってね。

アルファベットの S、s を かきましょう。

[**エス（えす）**]

[**サン（さん）**]

sun

たいよう

S s　S s　S s

アルファベットの T、t を かきましょう。

[**ティー（てぃー）**]

[**トメイトウ（とめいとう）**]

tomato

トマト

U、u と V、v の れんしゅう

できたよ！シールを はってね。

アルファベットの U、u を かきましょう。

[ユー（ゆー）]

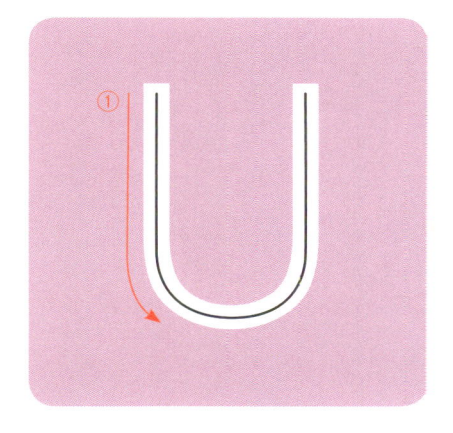

[ブラシ（ぶらし）]

ブラシ

アルファベットの V、v を かきましょう。

[ヴィー（ゔぃー）]

[ヴェイス（ゔぇいす）]

かびん

57

アルファベットの W、w を かきましょう。

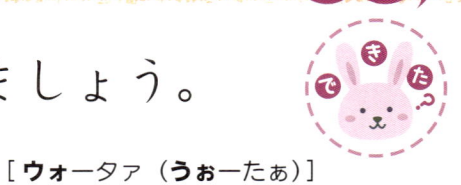

[**ダブリュー（だぶりゅー）**]

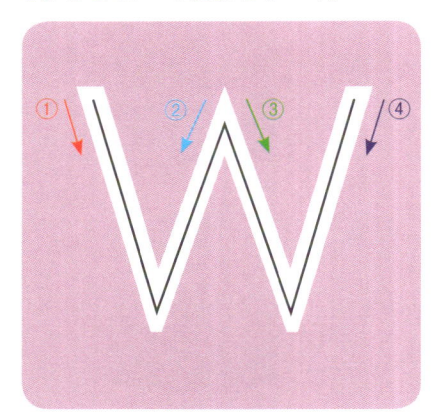

[**ウォータァ（うぉーたぁ）**]

water

みず

アルファベットの X、x を かきましょう。

[**エックス（えっくす）**]

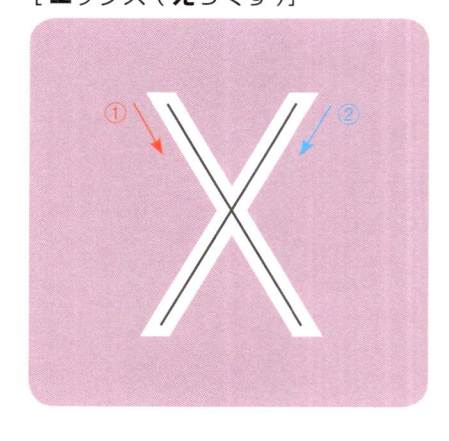

[**バックス（ばっくす）**]

box

はこ

58

Y、y と Z、z の れんしゅう

アルファベットの Y、y を かきましょう。

[**ワイ（わい）**]

[**ヤット（やっと）**]

yacht

ヨット

アルファベットの Z、z を かきましょう。

[**ズィー（ずぃー）**]

[**ズィーブラ（ずぃーぶら）**]

zebra

しまうま

A から Z、a から z を つないで みよう

A → B → C…、a → b → c…の じゅんに、
● と ● を それぞれ せんで つなぎましょう。

おおもじ A から N の ふくしゅう

せんを なぞり、アルファベットを
かきましょう。

61

おおもじ O から Z の ふくしゅう

せんを　なぞり、アルファベットを
かきましょう。

あと
すこしだよ。
がんばろう!!

こもじ a から n の ふくしゅう

せんを　なぞり、アルファベットを
かきましょう。

できたよ！
シールを
はってね。

できた？

a

b

c

d

e

f

g

h

i

j

k

l

m

n

こもじ o から z の ふくしゅう

せんを　なぞり、アルファベットを
かきましょう。

てきたよ！
シールを
はってね。

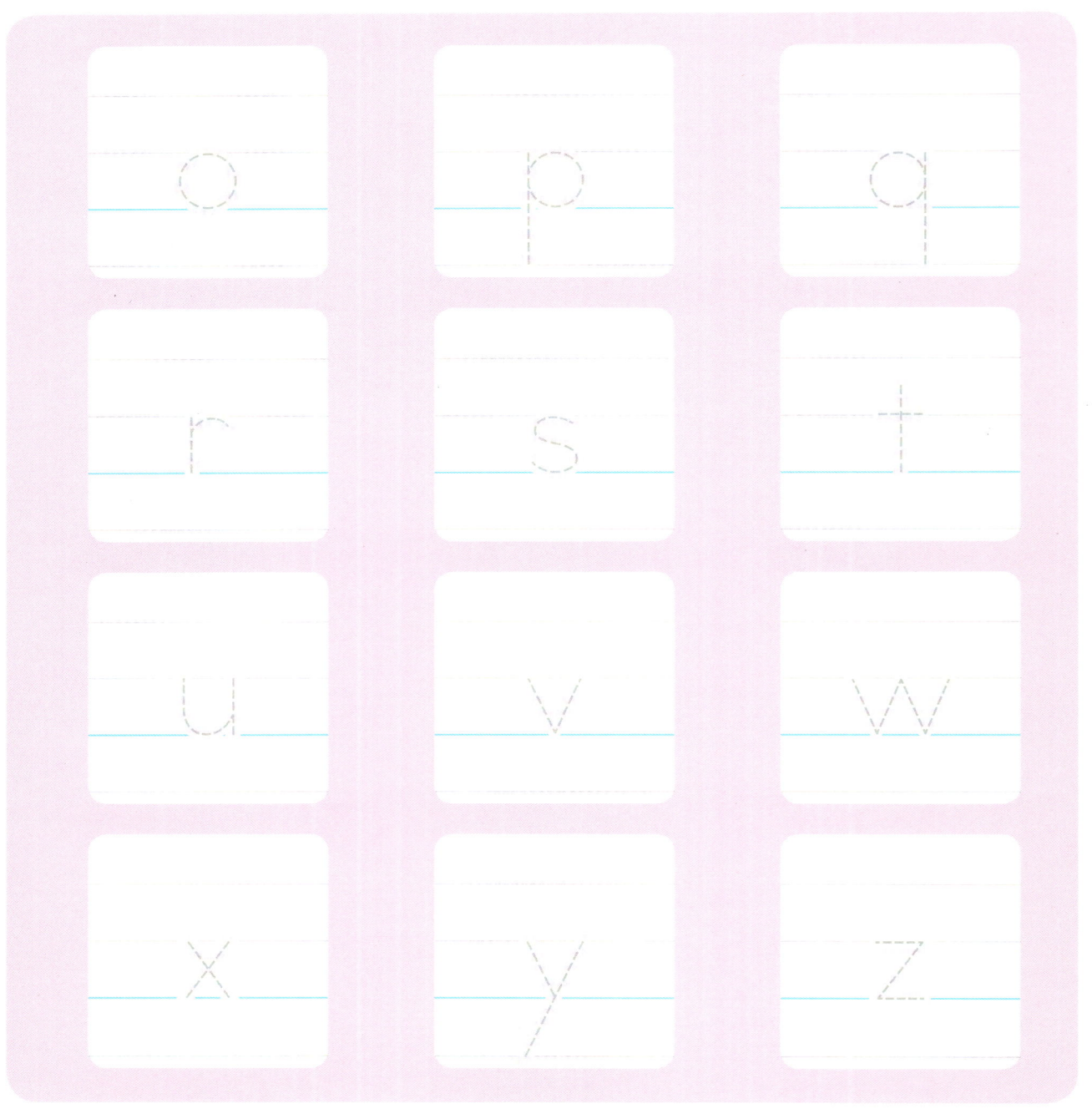

o　p　q

r　s　t

u　v　w

x　y　z

アルファベットの
おおもじと　こもじ、
おぼえたかな？